Anneliese Becker
Gelassenheit

mjbEDV, Werl

Das Buch
Die 23 Gedichte, die hier unter dem Titel »Gelassenheit« mit
einer Ausnahme zum ersten Mal veröffentlicht werden,
entstanden überwiegend in den Jahren 2001 und 2002 nach
der Übersiedlung der Verfasserin in ein Seniorenheim.
Nachdenkliches und Besinnliches findet sich in diesen sehr
persönlich gehaltenen Versen ebenso wie Humorvolles, ja
Sarkastisches.

Die Autorin
Anneliese Becker wurde 1917 in Halle a.d. Saale geboren und
verbrachte Kindheit und Jugend zum größten Teil in
Stolzenau an der Weser. Ihr beruflicher Werdegang führte die
durch den Krieg verwitwete Mutter eines Sohnes in die
Verwaltung zweier Institute der Max-Planck-Gesellschaft. Seit
2001 lebt Anneliese Becker in Bad Sassendorf (Kreis Soest).

Die Illustrationen
von Katharina Bauer (Jahrgang 1966) wurden eigens für
diesen Band angefertigt.

Anneliese Becker

Gelassenheit

Späte Gedichte

Mit Illustrationen von Katharina Bauer

mjbEDV, Werl

Die Verfasserin verzichtet auf ihr Honorar für
diesen Band zugunsten der
Stiftungen v. Bodelschwingsche Anstalten Bethel.

http://www.mjb-edv.de

Photo S. 7, Satz und Layout: mjbEDV, Werl

Herstellung: Books on Demand GmbH
Printed in Germany, ISBN 3-935198-01-9

Inhalt

Kurzbiographien

Anneliese Becker

Einführung

Die Gedichte in diesem Heftchen sind mit
Ausnahme des ersten (Abschied im Kriege)
und des letzten (Ich will nicht) in den Jahren
2001 und 2002 nach meinem Einzug in eine
Altersbetreuung entstanden.

Zunächst bedeuteten sie Ablenkung und
Beschäftigung für mich sowie
Auseinandersetzung mit mir selbst und
Rückbesinnung auf die Vergangenheit.

Allmählich merkte ich, daß sie auch anderen
etwas sagten, und gewann den Eindruck, daß
besonders die Menschen meiner Generation
sich oder ihre Gedanken in dem einen oder
anderen Gedicht wiederfanden.

Jeder von uns hat sein eigenes
unverwechselbares Schicksal, mit dem er
fertigwerden muß, aber uns verbindet, daß
wir dieselbe Zeit durchlebt haben.

So daß wir einander – manchmal mit
Wehmut, manchmal mit einem Lächeln –

Gelassenheit

Gelassen das Schicksal ertragen,
gelassen durchs Leben gehn,
gelassen dem Tode begegnen,
was könnte mir Bessres geschehn?

Hiernach streb' ich seit langem,
ein Ziel unendlich fern,
fast eben so unerreichbar
wie am Himmel ein funkelnder Stern.

So kommt es, daß ich bisweilen
über mich selber lach'
und bescheiden zu mir sage:
"Gemach, gemach, gemach!"

A. Becker
12. 5. 2002

Das Titelgedicht in der Handschrift der Autorin

fragen können:
»Wissen Sie noch…?«

A. Becker, im Juli 2002

Abschied im Kriege

Leis löschte dein letzter Kuß
Liebster, du spürtest es nicht,
mir das tapfere Lächeln
vom Angesicht.

Meine rinnenden Tränen,
Liebster, sahst du nicht mehr,
nur mein Lachen flog
neben dir her.

Es war ein Abschied ohne Wiederkehr.

[o.D.]

Man muß es nur wagen

Ein leises Streicheln, ein gutes Wort,
dazu ein freundlicher Blick,
und wie das Echo widerhallt,
kehrt alles zu dir zurück.

Das zaghafte Leuchten der Augen
gibt dir solch Glücksgefühl,
es hat dich so wenig gekostet,
und schenkt dir doch so viel.

Vielleicht spürst auch du eines Tages
jemanden, der an dich denkt
und dir, seinem Herzen folgend,
ein freundliches Lächeln schenkt.

19.4.2002

Letzter Abschied

13

Ich hab so oft Abschied genommen,
schloß mancher Türe Knauf,
ich bin nicht zurückgekommen,
schloß keine Tür wieder auf.

Noch einmal von dannen zu gehen,
es kann so schwer doch nicht sein,
bei mildem Windeswehen
im Abendsonnenschein.

Mir ist, als wär das alles
ein wunderbarer Traum;
ein kleiner Vogel zwitschert dazu
im blühenden Apfelbaum.

21.12.2001

Die Weserbrücke bei Stolzenau

Ich würde so gern noch einmal
auf der Weserbrücke stehn
und von dort, hoch über dem Flusse,
auf die Stätten der Kindheit sehn.

Ein Dampfer käme von ferne,
gleich knickt er den Schornstein ein,
um die Brücke passieren zu können,
fünf Schleppkähne hinterdrein.

Die Bootsleute winken freundlich,
ich gebe den Gruß zurück
und denke, bis zum Ziele
ist es noch ein langes Stück.

Ich möchte noch mal auf der Brücke
im pfeifenden Winde stehn
und, die Hände am Geländer,
auf die treibenden Eisschollen sehn.

Und am Osterabend die Feuer
in dem weiten, ebenen Land:
von der Brücke aus sah´n wir sie leuchten,
bis sie langsam niedergebrannt.

Ich weiß, ich werde nie wieder
auf der Weserbrücke stehn,
doch das Bild des vertrauten Stromes
wird immer mit mir gehn.

19.7.2002

Der Schritt ins Altersheim

Ein Sturz, ein Bruch,
dann Krankenhaus,
und plötzlich war, was gewesen,
endgültig für mich aus.

An den Rollator gefesselt,
hätt´ ich nur mit fremder Kraft
die Treppen zu meiner Wohnung
mühsam hinauf geschafft.

Ich wollte keine Rückkehr,
kein letztes Wiedersehen,
das schien mir etwas leichter,
als noch einmal nach Hause zu gehen.

Wie fünfundvierzig in Potsdam
bin ich tränenlos gegangen,
um, mich dem Schicksal beugend,
noch einmal anzufangen.

29.5.2002

Altersheim

18

Das Haus gleicht einem Bahnhof:
Menschen kommen und gehn;
sie fallen sich in die Arme
oder stammeln »Auf Wiedersehen.«

Ein Zug fährt ein
mit quietschendem Ton:
»Alles aussteigen bitte!
Endstation!«

Dez. 2001

Man bleibt immer etwas schuldig

19

Ich habe so manches versprochen,
doch wie es im Leben so geht,
Tage vergingen und Wochen,
und plötzlich war es zu spät.

Ich bin so viel schuldig geblieben:
Der Besuch fand niemals statt,
ein Brief blieb ungeschrieben,
das quält mich in schlafloser Nacht.

Doch keiner von meinen Lieben
würde jemals mein Ankläger sein:
»Nur wer nie etwas schuldig geblieben,
der werfe den ersten Stein.«

26.3.2002

Bald

Ich trage eine Maske
aus Frohsinn mit Spott gepaart;
auch wenn es manchem nicht paßte,
das ist so meine Art.

Was hinter der Maske an Kummer und Leid,
Herrgott, wen geht es was an?
Nur Du und ich, wir wissen es,
was das Leben mir angetan.

Doch manchmal, wenn der Abendstern
schickt mir sein tröstlich Licht,
löst sich die starre Maske
von meinem Angesicht.

Ich sehe sie alle wieder,
um die ich einst geweint;
der Stern blickt auf mich nieder:
»Bald seid ihr wieder vereint.«

30.11.2001

Gewitter

Ein Donnerschlag hat mich wach gemacht,
und durch der Gardine Ritze
leuchteten in der Winternacht
am Himmel die zuckenden Blitze.

Die Vorhänge zog ich eilig auf,
das Schauspiel voll zu betrachten.
Ich wartete auf der Blitze Verlauf
und daß die Donner krachten.

Dann fing der Regen zu strömen an;
die Nacht begann sich zu lichten;
ich wußte, kein Fortschrittswahnsinn kann
– ob Sommertag oder Winternacht –
dies uralte Schauspiel vernichten.

25.2.2002

Mein erster Flug
1937

Das Wetter war schlecht
und der Andrang gering,
nur einer, der mit mir
zur Gangway ging.

Durch schwere Regenwolken
stieg unser Flugzeug empor,
auf den Sitzen lag etwas Watte
gegen den schädlichen Druck auf das Ohr.

Ich war damals 19 Jahre,
und es kam mir nicht in den Sinn,
daß dieses Abenteuer
auch lebenslanger Gewinn.

Als wir die Wolken durchstießen
und unter uns nichts als Grau,
war über uns strahlende Sonne
und des Himmels klares Blau.

Wie oft war ich später umgeben
von Trauer und tiefer Nacht,
die Wolken wollten nicht weichen,
bis ich daran gedacht,

was mein erster Flug mich lehrte:
– erst konnt ich es schwer nur verstehn –
»Die Sonne wird immer scheinen,
auch du wirst sie wieder sehn,
du mußt nur die Wolken durchstoßen,
dann wird es auch weitergehn.«

13.4.2002

Unser Groschen

24

Er hat schon die Eltern begleitet,
war bei RM und DM dabei,
es bettelten die Kinder:
»Schenk uns zwei oder drei!«

Er war einmal Belohnung
für kindliche Hilfe im Haus
oder für gute Zensuren,
damit ist es nun aus.

Die DM ist erloschen.
Jetzt haben wir Euro-Zeit,
und auch der alte Groschen
ist nun Vergangenheit.

Januar 2002

Unverdiente Gnade

25

Unser Volk hat vor Jahrzehnten
zwölf Jahre durchgemacht,
die man am liebsten vergäße
wie einen Traum nach dunkler Nacht.

Doch eins will ich nicht vergessen
und stets dafür dankbar sein:
Ich stand nie vor der Entscheidung,
sagst du jetzt »ja« oder »nein«.

Die jüdischen Kindheitsgespielin
– zum Beispiel –
stand nicht vor mir und bat:
»Kannst du mich bei dir verstecken?
Ich weiß mir keinen Rat.«

Ich will nicht darüber grübeln,
was ich ihr hätte gesagt;
ich will nur der Gnade gedenken,
daß niemand mich damals gefragt.

5.5.2002

Der Tanzbär
– eine Kindheitserinnerung –

Er streifte einst frei und glücklich
durch der Karpaten Wälder und Höh´n,
durch Ungarns weite Steppen,
er wird sie nie wiedersehn.

Längst zieht er durch fremde Länder
mit einem braunen Mann,
und wenn der das Tamburin schlägt,
fängt der Bär zu tanzen an.

Wir eilten herbei und standen
staunend am Straßenrand
und freuten uns über die Gäste
aus einem fernen Land.

Wir ahnten nichts von den Qualen,
die den Bären dazu gebracht,
daß er hochaufgerichtet und willig
seine Kunststücke vorgemacht.

Und von der Schulter des Mannes
schaute ein Äffchen zu;
war gaben gern unsern Groschen
und ließen dem Bär´n keine Ruh.

Dann zogen alle drei weiter,
die Straße war wieder leer.
Wir haben sie schnell vergessen,
bald gab es sie auch nicht mehr.

Doch wer kann mir erklären,
warum ich heute Nacht
so plötzlich, nach vielen Jahren,
des Bären der Kindheit gedacht?

8.6.2002

Zum 90. Geburtstag von
Frau Kläre K. am 18.1.2002

Als heute vor 90 Jahren
Klein-Kläre im Körbchen lag,
da wehten vom Maste die Fahnen,
denn es war am Reichsgründungstag.

Es folgten schlimme Zeiten,
zwei Kriege, Hunger und Not,
vielleicht verlorene Heimat,
und sicher der Kampf um das Brot.

Ich hoffe, auch Glück und Freude;
ich kenne ihr Leben nicht,
doch wenn ich sie so betrachte,
seh´ ich ein zufriednes Gesicht.

Wir wünschen ihr von Herzen
Gesundheit und gute Zeit!
Darauf unser Glas zu erheben,
sind wir jetzt alle bereit.

[o.D., Jan. 2002]

Uhren
– heute und gestern –

Fiel es denn wirklich noch keinem auf?
Neue Uhren ticken nicht,
batteriebetrieben
erfüllen sie nur ihre Pflicht.

Sie zeigen exakt die Stunden,
sie bleiben nie zurück,
doch wer würde je sie betrachten
mit liebevollem Blick?

Bei mir steht eine alte Uhr,
als Gefährtin durch Generationen
erlebte sie Höhen und Tiefen mit,
ich möchte nicht ohne sie wohnen.

Das Quecksilberpendel schwingt leise,
doch braucht es meine Kraft,
ich muß die Feder spannen,
damit die Uhr es weiter schafft.

Ohne mich kann sie nicht leben,
und ich, das geb´ ich zu,
möchte ihr Ticken nicht missen,
es wäre wie Grabesruh.

Ihr einst so heller Stundenschlag
wurde langsam müde und matt,
doch sie tickt beharrlich weiter,
weil sie eine Seele hat!

7.6.2002

Rückblick und Ausblick

Ich saß im Park auf einsamer Bank,
die Sonne so freundlich schien,
und ich – Witwe des letzten Kriegs –
ließ mein Leben vorüberziehn.

Ich dacht´ an verlorene Chancen
und an zerstörtes Glück,
noch heute nach 60 Jahren
schau´ ich voll Kummer zurück.

Und wenn ich voller Verzweiflung
mal nach den Sternen griff,
dann holte der Alltag mich wieder,
und eisern zurück er mich pfiff.

Wir bauten Deutschland wieder auf;
und was macht ihr jetzt daraus?
Ich denke manchmal, ich lebe
in einem Irrenhaus.

»Demokratie« wie klingt es bei euch
so leer und merkwürdig hohl,
und wer von den Volksvertretern
denkt noch an des Volkes Wohl?

Parteienskandal und Gieren nach Macht,
weit offen die eigenen Taschen,
was die Zeitung morgen wohl bringen mag,
ich lasse mich überraschen.

Und wenn ihr wirklich es nicht schafft,
euch auf Anstand und Ehr´ zu besinnen,
dann müßt ihr, genau wie damals wir,
wieder von vorne beginnen!

13.3.2002

Isolde

35

Die einen suchen die Menschen,
die andren sind lieber allein;
ich kann die einen verstehen,
doch ich schätz´ den andren Verein.

Natürlich kenne auch ich
Stunden der Einsamkeit
und denke, wie schön es wäre,
wäre man jetzt zu zweit.

Als ich kürzlich in solch einer Stunde
meine Augen zum Fenster gewandt;
erblickte ich hinter der Scheibe
eine Taube, die äußerst gespannt

den Fernsehkrimi verfolgte,
und als der Fall dann gelöst,
hat sie, bereit schon zum Schlafe,
noch kurz vor sich hingedöst.

Sie blieb bei mir, bis der Morgen
langsam zu dämmern begann,
noch ein Schütteln des Gefieders,
dann flog sie himmelan.

Am Abend kehrte sie wieder,
es begann das gleiche Spiel,
nur gab es jetzt »Rosamunde«[*],
das wurde ihr beinah zuviel.

Ich nenne sie Isolde,
ob ihr der Name wohl paßt?
Auch heute warte ich wieder
auf meinen Abendgast.

9.7.2002

[*] *Fernsehfilm nach Rosamunde Pilcher*

*Abb. rechts: »Isolde« in der Handschrift
der Autorin*

Isolde

Die einen suchen die Menschen,
die and'ren sind lieber allein;
ich kann die einen verstehen,
doch ich schätz' den and'ren Verein.

Natürlich kenne auch ich
Stunden der Einsamkeit
und denke, wie schön es wäre,
wäre man jetzt zu zweit,

Als ich kürzlich in solch einer Stunde
meine Augen zum Fenster gewandt,
erblickte ich hinter der Scheibe
eine Taube, die äußerst gespannt

den Fernsehkrimi verfolgte,
und als der Fall dann gelöst,
hat sie, bereit schon zum Schlafe,
noch kurz vor sich hingedöst.

Sie blieb bei mir, bis der Morgen
langsam zu dämmern begann,
noch ein Schütteln des Gefieders,
dann flog sie himmelan.

Am Abend kehrte sie wieder,
es begann das gleiche Spiel,
nur gab es jetzt "Rosamunde"
das wurde ihr beinah zuviel,

Ich nenne sie Isolde,
ob ihr der Name wohl paßt?
Auch heute warte ich wieder
auf meinen Abendgast!

Ein guter Kauf

Von allen Zahlungsmitteln,
die ich im Leben gekannt,
war die Zigarettenwährung
die stabilste in unserem Land.

Sie war der Schlüssel zu allem,
was selten und heiß begehrt,
sie war das Maß aller Dinge
und hat uns das Feilschen gelehrt.

Für Butter, Tee oder Kaffee
waren die Preise sehr hoch
und rissen in die Bestände
ein ziemlich großes Loch.

Für Tee war Großbritannien
ein gutes Herkunftsland:
Von dort kam ein Kriegsgefangner
mit Witz und hellem Verstand.

Sein Blick fiel auf ein Mädchen,
und der Tee in seinem Gepäck
erfüllte, nachdem sie sich kannten,
einen wirklich guten Zweck.

Der Vater der Maid war ein Friese,
und bald war es sonnenklar,
daß mehr wert als Zigaretten
ein Quentchen Schwarztee war,

damit der Vater der Tochter erlaubte,
auch einmal auszugehn,
denn welcher echte Friese
könnt´ jemals dem Tee widerstehn?

Sorgfältig hat der Freier
seinen Vorrat an Tee rationiert,
bis endlich der Vater geschlagen
und ein Brautkleid das Mädchen geziert.

So kaufte sich der kluge Mann
mit einem schlauen Trick
von einem echten Friesen
ein lange währendes Glück.

27.4.2002

Ein Traum

Mir träumte, ein kleiner Kobold,
spitznasig mit rotem Haar,
sprang durch den Eßsaal der Residenz[*]
für alle unsichtbar.

Er lauschte hier und lauschte dort,
nicht ganz die feine Art,
doch war er absolut diskret
bei seiner Erkundungsfahrt.

Nachdem er fast alle Tische besucht,
kaum einer war noch geblieben,
erreichte er einen Vierertisch,
den Tisch mit der Nummer sieben.

Hockend auf eines Tellers Rand
hat er nicht schlecht gestaunt,
denn alle vier, wie das Wetter auch war,
zeigten sich gutgelaunt.

[*]   *hier lebt die Verfasserin*

Sie unterhielten sich fröhlich,
sie haben herzhaft gelacht,
aber auch Ernstes – und das tut gut –
wurde zum Thema gemacht.

Der kleine Kobold hüpfte davon,
noch einmal von Tisch zu Tische
und flüsterte aufmunternd hier und dort:
»Etwas Butter bei die Fische!«

8.6.2002

Mein schönstes Kompliment

Die Meerjungfrau, die Börse,
Kopenhagen bot so viel,
nun war ich wirklich müde,
eine Bank daher mein Ziel.

Ein Mann gesellte sich zu mir,
wir unterhielten uns zwanglos und frei,
bis er mich plötzlich fragte,
ob ich verheiratet sei.

Ohne mich lang zu bedenken,
sagte ich »Ja«, nun gut,
obwohl mein Mann schon Jahre
in russischer Erde ruht.

Nie werd ich die Antwort vergessen,
oft fällt sie mir wieder ein;
sein Ton war vielleicht etwas traurig:
»Ihr Mann muß sehr glücklich sein.«

Ich schämte mich meiner Lüge,
wir haben uns bald dann getrennt.
Noch heute dank ich dir, Fremder,
für dieses Kompliment.

30.4.2002

Wer kennt die Stunde?

Vom ersten Schrei
auf Schritt und Tritt
geht unsichtbar einer
neben mir mit.

Er trägt in blassen Händen
eine golden schimmernde Uhr,
doch wann sie abgelaufen,
das weiß ein anderer nur.

Der Tod ist nur Vollstrecker,
bestimmt nicht Ort noch Zeit,
er ist mein Freund oder Bruder,
und manchmal ist er ganz weit.

Dann ist er wieder nahe,
sein Atem streift mein Gesicht;
doch selbst im Bombenhagel
verlor ich mein Leben nicht.

Auch nicht, als auf schmalem Brette
zusammen mit meinem Sohn
die Elbe ich überquerte,
obwohl er so nahe uns schon.

Im größten Buch aller Bücher
ist jedem seit Anfang bestimmt,
wie lang sein Lebensfaden
auf dieser Erde glimmt.

Der Tod bleibt mein Begleiter,
doch kennt er nicht Ort oder Zeit,
bis Gott in seiner Güte mir zuruft:
»Bald ist es soweit!«

Und wenn ich den Ruf vernommen
und bin zum Gehen bereit,
hab ich noch eine Bitte:
»Schenk mir Gelassenheit!«

31.1.2002

Gelassenheit

Gelassen das Schicksal ertragen,
gelassen durchs Leben gehn,
gelassen dem Tode begegnen,
was könnte mir Bessres geschehn?

Hiernach streb´ ich seit langem,
ein Ziel unendlich fern,
fast ebenso unerreichbar
wie am Himmel ein funkelnder Stern.

So kommt es, daß ich bisweilen
über mich selber lach´
und bescheiden zu mir sage:
»Gemach, gemach, gemach!«

12.5.2002

Ich will nicht

48

Ich wollt´, ich könnte trinken
vom Brunnen Vergessenheit.
Was war, es müßte versinken,
und die Qual der Erinn´rung wär´weit.

Doch hätt´ ich den Brunnen gefunden,
ich brächt´ es nicht über mein Herz,
im Verlieren gewesener Stunden
zu löschen den brennenden Schmerz.

Der Schmerz wird langsam vergehen,
und leise schwindet das Leid;
kein Fünkchen Glück kann verwehen,
ich will nicht Vergessenheit!

[o.D.]

Anneliese Becker
geb. von Reck

1917	geb. in Halle/Saale Die ersten Kinderjahre wohnte ich an verschiedenen Orten, von denen mir der letzte – Magdeburg – noch in Erinnerung ist.
1923-1932	verlebte ich in Stolzenau/Weser mit zwei Brüdern eine glückliche Kindheit. Nach Aufenthalt in einem Internat und Besuch des Realgymnasiums in Nienburg / Weser machte ich
1936	in Hannover das Abitur.
1938	heiratete ich den Regierungsrat Dr. jur. Harald Becker.
1940	Geburt unseres Sohnes in Lingen / Ems. Im Herbst desselben Jahres Umzug nach Potsdam.
1942	Soldatentod meines Mannes.

1945   verließ ich – kurz vor dem Einmarsch
              der Russen – mit meinem Sohn
              Potsdam. Wir verbrachten den
              Sommer bei meinen Eltern nahe des
              Steinhuder Meers. Im Herbst
              übersiedelten wir nach Göttingen,
              wo ich mich als stud. jur.
              einschreiben ließ. Die Aufbesserung
              unseres Lebensunterhalts verdiente
              ich uns durch Gelegenheitsarbeiten
              (z.B. Anfertigung von Spielzeug,
              Bibliotheksarbeiten für die Forstliche
              Fakultät in Hannoversch-Münden).

1948-1965   Tätigkeit in der Verwaltung zweier
              Institute der Max-Planck-
              Gesellschaft e.V.

1974   Umzug nach Nordrhein-Westfalen in
              die Nähe meines Sohns und seiner
              Familie.

2001   Nach einem Oberschenkelhalsbruch
              Einzug in ein Seniorenheim in Bad
              Sassendorf (Soest/Westf.).

Katharina Bauer
geb. 1966 in Wetter/Marburg

1984	Studium Visuelle Kommunikation, Hochschule für bildende Künste, Kassel
1990	Stipendium der Friedrich-Ebert-Stiftung, Studium: Kunstwissenschaft/Erziehungswissenschaft, GH Kassel
1992	Arbeit als freischaffende Künstlerin, Ausstellung: Frauenzentrum Kassel
1994	Ausstellungsbeteiligung: »Retrospektive Künstler der Region«, Universitätsmuseum Marburg
1996/97	Ausstellungen: »Initiative Künstler der Söhre«, IKS Galerie Altes Forsthaus Söhrewald Studio Kausch, Kassel
1998	Ausstellungen: Restaurant »Spohrs«, Kassel

Freiherr-vom-Stein-Schule,
Hess. Lichtenau

1999   Wiederaufnahme des Studiums
Kunstwissenschaft/Erziehungs-
wissenschaft (FES-Stipendium)
Illustrationen für das Buch
»Liberating Narratives«,
By S. Sievers, Forum f. European
Contributions in African Studies

2000   Ausstellung:
Restaurant »Spohrs«, Kassel